DONATION
DU
FIEF DE PAILHÈS
EN 1256

ET DOCUMENTS CONCERNANT LES SEIGNEURS DE CETTE BARONIE AU XVIe SIÈCLE

Publication de Textes inédits avec Sommaires et Notes

PAR

F. PASQUIER

Secrétaire de la Société Ariégeoise des Sciences, Lettres et Arts,

Archiviste de l'Ariège.

FOIX
IMPRIMERIE VEUVE POMIÈS
1890

DONATION
DU
FIEF DE PAILHÈS
EN 1256

ET DOCUMENTS CONCERNANT LES SEIGNEURS DE CETTE BARONIE AU XVIe SIÈCLE

Publication de Textes inédits avec Sommaires et Notes

PAR

F. PASQUIER

Secrétaire de la Société Ariégeoise des Sciences, Lettres et Arts,

Archiviste de l'Ariège.

FOIX
IMPRIMERIE VEUVE POMIÈS
—
1890

DONATION

DE LA

SEIGNEURIE DE PAILHÈS

EN 1256 (1)

PRÉFACE

Jusqu'à la Révolution, Pailhès, avec Artigat, Gabre et quelques localités voisines, a formé, en plein Comté de Foix, une enclave relevant de la province de Languedoc (2).

Aux archives de l'Ariège existe une charte originale (3), montrant quelles étaient, au XIIIᵉ siècle, l'étendue et la délimitation de la seigneurie de Pailhès. La publication de ce texte trouve place avec les pièces concernant la branche de la maison de Villemur, qui a possédé Pailhès et en a porté le nom. L'intérêt, offert par l'acte sous divers rapports, nous engage à en donner l'analyse, en y joignant quelques éclaircissements.

ANALYSE DE LA CHARTE.

Le 20 novembre 1256, Bernard Amiel de Pailhès réunit ses deux neveux Bernard et Savary, fils de son frère Raymond, et, en présence d'un notaire et de plusieurs nobles du voisinage, il leur fit solennellement donation du château de Pailhès et de plusieurs domaines qui s'y rattachaient ; en retour, il ne se réserva que deux mille sous de Mor-

---

(1) La première partie de cette notice n'a pas encore été publiée ; la seconde, relative aux documents du XVIᵉ siècle, a paru dans le *Bulletin de la Société Ariégeoise des Sciences, Lettres et Arts*. (Tome III, numéro 3, octobre 1889, pages 121-138).

(2) Il y avait dans la région deux autres enclaves du même genre ; la première, dans le Comté de Foix, comprenait Alzen, Nescus, Larbont, Montels ; la seconde, dans le Couserans renfermait Salx.

3) Charte sur parchemin, hauteur : 27 cent., largeur : 26 cent.

las (1) et le territoire de La Coudère pour en disposer à son gré, et laissa aux donataires la charge de payer ses créanciers jusqu'à concurrence de mille sous de Morlas.

1° Don du château de Pailhès et des domaines en dépendant, compris entre le ruisseau de l'Estrique, la Serre de Castagnier, le confluent du Rieu-Majou avec l'Arize et la Croix de Gabre.

2° En signe de tradition, on a inséré diverses formules d'investiture, *me exuendo, vos investio, etc.* On a relaté que le donateur a livré les clefs du château à ses neveux et les a mis en possession d'une façon significative en les introduisant et en leur faisant poser le pied sur le terrain donné, *per pedum positionem.*

3° Don des biens possédés à Artigat, à Castéras, à Lanoux, à Sabarat, dans le territoire du château de Bordes et dans d'autres endroits.

4° Don des bois s'étendant d'Aigues-Juntes et d'autres localités jusqu'à l'Arize.

5° Don de tous les droits divers possédés depuis l'Arize jusqu'au Pas-del-Roc.

6° Nomenclature de tous les droits compris dans ces diverses donations, tant sur les habitants que sur les choses, en nature comme en argent.

7° Le donateur gardait le territoire de La Coudère, dont il entendait disposer à sa volonté.

8° S'il entrait en religion, les donataires étaient tenus de payer à lui-même ou à tout autre personne désignée par lui deux mille sous de Morlas, dont il se réservait l'emploi pour le repos de son âme. S'il mourait avant d'être entré en religion, la même somme devait être payée à la personne indiquée par lui.

9° Obligation par les donataires de payer les créanciers jusqu'à concurrence de mille sous de Morlas.

10° Formules de renonciation par le donateur et d'acceptation par les donataires. Prestation de serment par les parties d'observer les conventions.

11° Date et noms des témoins.

LA SEIGNEURIE A LA MAISON DES BERNARD AMIEL ET NON A CELLE DES VILLEMUR

Quel était ce Bernard Amiel de Pailhès qui, d'après notre texte, de-

---

(1) Sous de Morlas, monnaie frappée à Morlas, en Béarn, ayant cours dans la Gascogne, le Languedoc et le Comté de Foix.

vait être célibataire ou veuf sans enfants ? Les renseignements sur le personnage, comme sur les personnes citées dans la charte, ne sont pas nombreux.

D'après Dom Vaissette (1), Bernard Amiel était un puissant feudataire du Comte de Toulouse, assistant comme témoin aux actes de ce prince, de qui il tenait des fiefs à Pailhès, Roquefixade, Alzon, Artigat, Bordes, Castéras, Montels, Cadarcet, Lanoux, Sabarat, Celles, Montagagne (2). Le 30 septembre 1226, le comte de Toulouse contracta une alliance avec le comte de Foix, et, à cette occasion, lui fit divers dons, et lui céda, à condition de continuer à en recevoir l'hommage, les droits qu'il avait sur les terres de Bernard Amiel de Pailhès. Le 22 février 1243, cependant, Bernard Amiel s'acquitta de ses devoirs de vassal envers le comte de Toulouse ; en 1249, il prêta serment de fidélité aux commissaires du Roi chargés de faire reconnaître comme successeurs de Raymond, comte de Toulouse, sa fille Jeanne et son gendre Alphonse de Poitiers. Le traité fait précédemment n'avait donc pas eu de suite ou avait été modifié, puisque une vingtaine d'années après, la situation restait la même.

Les Comtes de Foix ne voulurent pas renoncer à leurs prétentions sur la terre de Pailhès. En 1263, sommé par le Roi de France de venir en personne à Carcassonne rendre hommage pour son comté, Roger-Bernard III remit au sénéchal, représentant du Roi, un dénombrement dans lequel il donna l'énumération des terres qu'il possédait et des

---

(1) *Histoire générale de Languedoc*, tome VI, pages 615, 757 et 811, nouvelle édition. *Histoire du Comté de Foix*, par Castillon d'Aspet, tome I, page 323.

(2) *Toulet*, Layettes du trésor des chartes, numéro 78. 1212-13, 22 février, (tome II, page 493). Hommage de Bernard Amiel au Comte de Toulouse : *tenere in feudum castra de Rocafissada (a), de Alzen (b), de Artigat (c), et de Bordis (d), et fortias de Castellariis (e), de Montels (f), de Cadarcet (g), de Lanos (l), de Sabarat (m), de Selas (n), necnon fortiam Ramundi de Montemauro de Montaganho (o).*

(a) *Rocafissada*, Roquefixade, commune de 497 habitants dans le canton de Lavelanet.
(b) *Alsen*, commune de 768 habitants dans le canton de la Bastide-de-Sérou.
(c) *Artigat*, commune de 1023 habitants dans le canton du Fossat.
(d) *Bordis*, les Bordes-sur-Arize, commune de 1155 habitants dans le canton du Mas-d'Azil.
(e) *Castellariis*, Castéras, commune de 124 habitants dans le canton du Fossat.
(f) et (g) *Montels et Cadarcet*, communes dans le canton de la Bastide-de-Sérou, l'une de 710, l'autre de 724 habitants.
(l) *Lanos*, Lanoux, commune de 139 habitants dans le canton du Fossat.
(m) *Sabarat*, commune de 622 habitants dans le canton du Fossat.
(n) *Selas*, Celles, commune de 455 habitants dans le canton de Foix, située sur l'ancienne limite du Languedoc et du Comté de Foix, non loin de Roquefixade.
(o) *Montaganho*, Montagagne, commune de 224 habitants dans le canton de la Bastide-de-Sérou.

droits qu'il revendiquait. Au sujet de Pailhès, le comte ne fit pas une déclaration très nette, se contentant de dire que cette terre relevait et avait toujours relevé de Saverdun ; or, pour cette ville, il venait, dans le même acte, de s'en proclamer le seigneur, en vue de faire reconnaître ses droits, longtemps contestés par les comtes de Toulouse. En faisant dépendre Pailhès de Saverdun, c'était un moyen d'établir sa suzeraineté sur les domaines de Bernard Amiel. Nous ne savons quel accueil fut fait à ces prétentions et si elles donnèrent lieu à des réclamations. Toujours est-il qu'en juillet 1272, au moment où l'on fit une enquête sur les limites et la composition du Comté de Foix mis sous séquestre par ordre du Roi de France, les commissaires ne comprirent pas Pailhès au nombre des fiefs appartenant au vassal rebelle (1).

Dans l'acte de donation, Bernard Amiel ne fournit aucune indication sur l'hommage à rendre pour la seigneurie ; Pailhès dut rester dans le Comté de Toulouse et passer, en 1271, avec l'héritage d'Alphonse de Poitiers, à la Couronne de France. Si, parmi les nobles du pays de Foix, venant en 1345 rendre hommage à Éléonore de Comminges et à son fils mineur, Gaston Phœbus, se trouvait un Bernard Amiel de Pailhès, il n'en faut pas conclure que le fief de Pailhès fût une seigneurie du Comté de Foix. Dans cet acte, Bernard Amiel était qualifié de *dominus de Palheriis et de Ungato*. Ce devait être à cause d'Unjat, compris dans la juridiction de la Bastide-de-Séron, qu'il prêtait serment de fidélité à Gaston Phœbus, et non pour la terre de Pailhès, que les actes antérieurs et postérieurs nous montrent comme une dépendance du Languedoc.

Notre document est en désaccord complet avec les indications concernant Pailhès, qui se trouvent dans le septième volume (2) de l'*Histoire des Ariégeois*.

La contradiction porte sur plusieurs points. Suivant le Nobiliaire, en 1256, date de la donation, le possesseur du fief de Pailhès se serait nommé Arnaud ou Alphonse de Villemur, dont le père aurait été Bernard, et le successeur Raymond. Notre acte établit que le seigneur de Pailhès est Bernard Amiel et que, s'il est question d'un Arnaud, c'est comme simple

---

(1) Pour ces faits, voir l'*Histoire du Languedoc*, nouvelle édition : *Dénombrement rendu au Roi de France, 1263*. (Tome VIII, colonnes 1510-1514). *Enquête sur les limites du Comté de Foix, 1272*, (tome X, colonnes 88-93). *Hommage rendu à Gaston Phœbus par les nobles et les consuls du Comté de Foix*, (tome X, colonnes 936-950).

(2) Tome VII, pages 179-185, Nobiliaire de l'Ariège, maison de Villemur-Pailhès.

témoin. Ainsi qu'il le déclara lui-même, le donateur avait eu pour père un homme portant le même nom (1) que lui, et ses successeurs devaient être ses deux neveux Bernard et Savary, fils de Raymond, son frère, précédemment décédé.

La famille de Villemur possédait-elle, dès le XII° siècle, le fief de Pailhès, comme le prétend le généalogiste cité par M. l'abbé Duclos ? Nous ne le pensons pas, et nous croyons que cette seigneurie appartenait à une famille dont les chefs ont successivement porté le nom de Bernard Amiel (2). Le premier, dont on trouve trace dans l'*Histoire du Languedoc*, est celui qui, en février 1187 (3), accorda à l'abbaye de Boulbonne le droit de parcours et d'usage dans ses bois ; le dernier est celui qui figura, le 3 janvier 1345 (4), parmi les nobles venus rendre hommage à Gaston-Phœbus. Si le fief de Pailhès est entré dans la maison de Villemur, c'est probablement par suite d'une alliance contractée avec les Bernard Amiel, et qui lui permit d'en hériter sans doute dans la seconde moitié du XIV° siècle. En 1427 (5), un Villemur du nom de Bernard Amiel et qui, d'après les titres, aurait été le premier qualifié de seigneur de Pailhès et de Saint-Paul, reçut un témoignage d'estime de Charles VII, pour ses services dans les guerres contre les Anglais.

C'est également à tort que le même généalogiste (6) indique les fiefs de Pailhès et de Saint-Paul-de-Jarrat comme ayant été réunis dans les mêmes mains dès la première moitié du XIV° siècle ; l'*Histoire du Languedoc* en fournit deux preuves ; en 1308, un fils de Pons de Villemur, seigneur de Saint-Paul, Raymond de Marquefave fit un don à l'abbaye de Lézat (7) ; en 1345, dans l'hommage rendu à Gaston-Phœbus, on

---

(1) Ce renseignement, tiré de la charte, concorde avec les indications du tome VIII de la nouvelle édition de l'*Histoire de Languedoc*. En 1187, un Bernard Amiel, sans doute le père ou le grand-père du donateur, donne à l'abbé de Grandselve et à celui de Boulbonne le droit de pâture et de passage sur ses terres. *(Colonnes 1845 et 1859.)*

Il est encore question du donateur dans ce même volume. En 1236, il rendit hommage au comte de Toulouse pour les terres de Sainte-Gabelle et autres. (Tome VIII, colonne *1970*, voir aussi les *colonnes 1982, 1983*, années 1242-1243, hommage au comte de Toulouse.)

(2) Ces Bernard Amiel étaient peut-être une branche de la maison de Villemur ; nous n'avons aucun renseignement pour établir quelle était l'origine de cette famille et quelles étaient ses diverses alliances.

(3) *Histoire du Languedoc*, nouvelle édition, Tome VIII, colonne *1889*.

(4) *Histoire du Languedoc*, Tome X, colonne *936*.

(5) *Histoire du Languedoc*, Tome IX, page *1094*.

(6) *Histoire des Ariégeois*, Tome VII, pages *179-182*.

(7) *Histoire du Languedoc*, Tome V, colonne *1811*.

voit (1), à côté de Bernard Amiel de Pailhès, un Pons de Villemur, seigneur de Saint-Paul-de-Jarrat *(de Gerato)* (2).

Nous n'avons pas à poursuivre plus loin nos critiques ; il nous suffit, au moyen de preuves certaines, de contribuer à élucider un passage de notre histoire locale au Moyen-Age.

DÉLIMITATION DE LA SEIGNEURIE.

Au moment de la donation, le fief de Pailhès comprenait tout ce qui se trouvait sous la dépendance directe du château et plusieurs domaines situés dans les terres du voisinage, comme Gabre, les Bordes. Dans l'acte, on a bien pris soin de donner la délimitation de la seigneurie principale et des annexes. Si le territoire cédé par Bernard Amiel peut être exactement déterminé dans ses principales lignes, il n'est pas possible d'être précis dans les détails. Depuis six siècles, le temps a fait son œuvre et on a perdu le souvenir d'un certain nombre de lieux ; les informations prises auprès des gens du pays, les recherches sur la carte de Cassini et sur celle de l'État-Major n'ont amené que des résultats incomplets.

La seigneurie avait son siège au château de Pailhès et renfermait une circonscription plus grande que celle de la commune actuelle de Pailhès ; au Nord-Est, elle se prolongeait jusqu'au bord du ruisseau de l'Estrique et absorbait Madière ; vers l'Ouest, elle arrivait jusqu'en aval du Mas-d'Azil, au confluent du ruisseau de Rieumajou ou de Gabre avec l'Arize ; au Midi, la séparation était formée par la crête des collines dominant le territoire de Gabre ; puis la limite traversait le chemin d'Artigat et portait sur des points dont l'identification exacte avec les noms actuels paraît impossible. De ce côté, la seigneurie possédait des domaines à Lanoux et Castéras, auxquels s'ajoutaient des bois situés entre l'Arize et la Lèze, vers Aigues-Juntes.

Pour Pailhès, où le seigneur est seul maître, on se contente d'indiquer les limites, sans faire aucun dénombrement des fermes, hameaux, bois, qui en relèvent. Cette nomenclature est faite pour les domaines enclavés dans les seigneuries voisines.

En résumé, la dépendance directe du fief s'étendait sur les territoires qui forment aujourd'hui les communes de Pailhès, Madière,

---

(1) *Histoire du Languedoc*, Tome X, colonne 936.
(2) En résumé, les généalogistes n'ont pas tenu compte de Bernard Amiel, dont ils semblent ignorer l'existence aux XIII° et XIV° siècles, et ils ont considéré comme appartenant, dès le XII° siècle à la maison de Villemur, le fief de Pailhès, qu'elle a possédé seulement dans la seconde moitié du XIV° siècle

une partie de celles des Bordes, de Sabarat, d'Artigat, de Lanoux, de Castéras et même du Mas-d'Azil.

Nous renvoyons dans des notes, au bas du texte, les indications que nous avons pu recueillir sur les noms de lieux.

A Pailhès, il ne reste plus trace des constructions rappelant l'époque de Bernard Amiel ; le château, placé sur un coteau qui domine une vallée formée par le repli de la Lèze, n'offre pas l'aspect d'une construction féodale ; à l'intérieur, une porte ouvrant sur une cour peut remonter au Moyen-Age ; les édifices religieux sont modernes (1).

TEXTE

Noverint universi presentem paginam inspecturi sive etiam audituri quod Ego Bernardus Amelii de Paleriis, filius quondam domini Bernardi Amelii de Paleriis et domine Guigardis, uxoris ejus, non coactus nec deceptus ab aliquo vel re ipsâ, sed gratis, ac spontaneâ mente ductus, solempniter dono et, titulo perfecte donationis inter vivos, in plenam et veram ac corporalem possessionem juris et facti mitto et, in presenti, irrevocabiter vobis nepotibus meis, Bernardo Amelii de Paleriis et Savarico, fratribus, filiis quondam Ramundi Amelii de Paleriis fratris mei, et omni ordini vestro, ad omnes vestras et vestrorum voluntates omni tempore faciendas, castrum meum de Paleriis (2), cum omnibus suis pertinenciis et suis dominiis infra subscriptas adjacencias que adjacencie includuntur, de rivo Stricho (3) usque ad Serram de (4) Castanherio, et hinc inde usque *a la Boca* Rivi (5) Majoris, prout ille rivus

---

(1) Pailhès a fait partie du diocèse de Toulouse jusqu'en 1317, époque où fut créé celui de Rieux, dans lequel il a été compris jusqu'à la Révolution.

(2) Pailhès, commune de 968 habitants dans le canton du Fossat, située sur la Lèze ; elle se compose de deux sections, dont l'une, appelée Ménay, comprend la paroisse de Tournlac.

(3) *Stricha*, l'Estrique, ruisseau qui prend sa source dans la commune de Madière et se jette dans l'Ariège à Bézac, au-dessous de Pamiers.

(4) *Serra de Castanhero*, la serre de Castagnier. Dans la contrée entourant Pailhès, on trouve, indiqués sur la carte de Cassini et sur celle de l'État-Major, deux endroits appelés l'un *Cassanès* et l'autre *Castagnes*. Le premier, dans le voisinage du Mas-d'Azil, sur la rive gauche de l'Arize, ne peut être celui de la charte ; le second est situé près du Carla-Bayle, non loin d'un lieu nommé *la Serre*.

La *Serra de Castanhero* serait vers le Nord ; telle est la situation de *la Serre* et de *Castagnes*, mais on ne peut affirmer que ce soit la limite de la seigneurie, qui, en ce cas, se serait étendue jusqu'aux portes du Carla. Du reste, *Castagnes* ne dérive pas de *Castanhero* ; l'identification étymologique entre ces deux mots n'est pas admissible.

(5) *Rivus Major*, Rieumajou ou ruisseau de Gabre qui se jette dans l'Arize, sur la rive droite, en aval du Mas-d'Azil.

intrat in flumine Arisie (1), et hinc inde sicut ascenditur usque ad Crucem (2) de Gabro (3), et ex aliâ parte de rivo de Cortrazent, sicut ille rivus ascenditur usque ad gutam (4) que est retro ecclesiam (5) de Ricboerio, et de eâ gutâ usque ad stratam publicam que tendit apud Artigatum (6), et per eamdem stratam usque ad rivum de Exarto Ferriol, et hinc descendendo per eumdem rivum usque ad Serram de Benaugis (7), et hinc inde cum omni territorio de vallibus, heremo et condirecto.

Et in signum a me vobis tradite possessionis omnium predictorum, claves predicti castri, in presenciâ infrascriptorum testium et Boneti tabellionis, vobis trado, vos inde penitus vestiendo et me totaliter exuendo, et vos per veram possessionem, id est, per pedum positionem vos investio, mittendo vos in dicto castro.

Item dono vobis, titulo perfecte donationis inter vivos, sollempniter et consultô, dominium de Artigato, et omnes census et omnia jura que habeo vel habere debeo in eodem castro de Artigato vel ejus pertinenciis, et magis totum illud dominium quod habeo vel habere debeo in villis de Castellariis (8) et de Lanos (9) et de Silvâ (10) et de Savarato et in Casali de Bartâ (11), et etiam totum hoc quod habeo vel habere debeo in

---

(1) *Arisa*, l'Arize, rivière, qui prend sa source dans la commune de Sentenac-de-Sérou, traverse Durban, le Mas-d'Azil, Sabarat, les Bordes, et se jette dans la Garonne à Carbonne.

(2) La Croix de Gabre, appelée aujourd'hui Croix de Saint-Martin, se trouve située près d'un dolmen, dit de *Coudère*.

(3) Gabre, commune de 502 habitants, dans le canton du Mus-d'Azil, et limitrophe de celle de Pailhès ; il y avait une commanderie des chevaliers de Saint-Jean-de-Jérusalem.

(4) *Gutta* signifie, d'après Ducange, le bord d'un ruisseau, un rivage, et même un ruisseau. Dans la région de Pailhès, le terme patois *gouto* indique une petite et étroite vallée.

(5) *Ecclesia de Ricboerio*, on n'a pas conservé le souvenir d'une église de ce nom. Faut-il voir dans *Roubi*, ferme située dans la commune de Pailhès, sur un chemin vicinal ordinaire allant vers Madière, la trace de *Ricboerio* ? La philologie ne se prête guère à cette transformation.

(6) Artigat, commune de 1023 habitants, dans le canton du Fossat, sur la route de Pailhès au Fossat.

(7) *Benaugis*. S'agit-il d'un endroit situé près d'un ruisseau dans la commune de Monesple, appelé *Bénas* ? On ne peut préciser.

(8) *Castellariis*, Castéras, commune de 124 habitants, dans le canton du Fossat, limitrophe de Lanoux et d'Artigat.

(9) *Lanos*, Lanoux, commune de 139 habitants, dans le canton du Fossat, limitrophe de Pailhès.

(10) *Silvâ*, la Selve, ferme dans la commune de Lanoux.

(11) *Barta*. Une barte est un endroit couvert de broussailles. Dans la commune d'Artigat, on trouve une ferme nommée Labarthe, sur la rive droite de la Lèze.

dominio vel in proprietato castri de Bordis (1) et ejus pertinenciis, et totum hoc quod habeo in casalibus et territorio de Taparog (2) et de Lompas (3) et de Rayssaco et de Moleriis (4).

Et magis dono vobis omnia jura mea nemoris de Serrâ, de Cornu, de Rivo, de Aquis-Junctis (5) usque ad rivum Aveze (6) de Vuyato ; et etiam omnia jura mea nemoris de Praderiis et de Algariis et de territoriis eorum locorum.

Item dono vobis omnia jura que habeo de flumine Arisie usque ad Passum de Rupe (7).

Predictas vero donationes vobis facio cum hominibus et mulieribus, castris, villis, domibus atque bordis (8), casalibus (9), terris heremis et condirectis (10), pratis, pascuis, aquis, aque ductibus, molendinis et molinaribus (11) cum suis piscationibus (12), cum nemoribus et eorum venationibus (13), silvis et garrigis (14), quistis (15), adimpramentis (16),

---

(1) *Bordis*, Les Bordes-sur-Arize, commune de 1155 habitants, dans le canton du Mas-d'Azil.
(2) *Taparog*, Taparouch, ferme dans la commune de Sabarat.
(3) *Lompas*, Long-Pas, ferme dans la commune de Pailhès.
(4) *Mouleriis*, Moulère, bois dépendant de Ménay.
(5) *Aquis-Junctis*, Aigues-Juntes, commune de 273 habitants dans le canton de La Bastide-de-Sérou, limitrophe de Pailhès, de Monesple et de Gabre ; elle est traversée par la rivière de la Lèze.
(6). *Aveza*, la Lèze, rivière qui prend sa source dans la commune d'Aigues-Juntes, entre dans celle de Pailhès au Pus-del-Roc, traverse Pailhès, Artigat, le Fossat, Lézat, etc., et se jette dans l'Ariège sur la rive gauche.
(7) *Passus de Rupe*. Pas-del-Roc. (Voir la note précédente.)
(8) *Borda*, borde, petite ferme, grange.
(9) *Casale*. D'après Ducange, le *casal* était un emplacement destiné à la construction des maisons et, par suite, un groupe d'habitations, un hameau.
(10) *Terre hereme et condirecto*, terres incultes et cultivées.
(11) *Molendinum*, moulin. *Molinare*, lieu propre à la construction d'un moulin.
(12) *Piscatio*, droit de pêche.
(13) *Venatio*, droit de chasse.
(14) *Garriga*, lieu planté de chênes, et, dans certaines contrées, terre inculte, terrain vague.
(15) *Quista* ou *questa*, quête, terme qui a plusieurs sens. Tantôt la quête indique la taille, tantôt un impôt levé dans des circonstances particulières et à des intervalles indéterminés. C'est aussi un tribut payé au seigneur suivant des conventions arrêtées entre lui et les vassaux ; telle est la nature de la redevance payée annuellement par l'Andorre à la France et à l'évêque d'Urgel.
(16) *Adimpramentum* ou *ademprivum*, mot qui a divers sens, se rapportant chacun à une forme de redevances ou d'impositions féodales. Tantôt, c'est le droit d'usage dans son acception la plus générale, comportant tous les avantages accordés par le seigneur dans la jouissance des bois, montagnes, eaux, pâturages ; tantôt l'*ademprivum*, ainsi que l'indi-

obliis (1) et foriscapiis (2), censibus (3) et serviciis (4), et omnibus aliis hic expressis vel non expressis, prout mihi pertinent vel pertinere debent infra suprascriptas adjacencias, que dici vel intelligi possunt ab aliquo sapiente, cum introitibus et exitibus suis, et clausuris, et omnibus in se habentibus et cum omnibus incrementis et melioramentis suis, sine omni retinenciâ (5) et reveniencia, quam ibi non facio mihi nec alicui viventi, transferendo in vos omnia jura, voces (6) et actiones mihi pertinentes vel pertinere debentes, que et quas habeo vel habere debeo in omnibus predictis locis et in quolibet illorum.

Hoc tantum excepto quod de predictâ donatione mihi retineo, ad omnem voluntatem meam inde omni tempore faciendam, territorium de Coderâ (7) cum omnibus suis agreriis (8) et pertinenciis, sicut protenditur de rivo de Gador (9) usque ad Hospitale (10) de Gabre et de flumine Arisio usque ad Passum de Rupo.

Et etiam predictas donationes sub tali modo vobis facio ut vos vel heredes vestri detis et persolvatis mihi vel cui vel quibus voluero, si dimitterem seculum (11) et intrarem Ordinem, vel si non dimitterem se-

---

que le mot patois *azempriu*, employé dans plusieurs contrées, ne comprend que les usages forestiers, les dépaissances.

Ce terme, comme *quista*, désignait aussi l'impôt prélevé en certaines circonstances par le seigneur, comme pour le mariage de ses filles, pour une expédition, etc.

Ici, par *adimpramentum*, il semble qu'on doive entendre les droits d'usages forestiers.

(1) *Oblia* ou *obliga*, *oblata*. A l'origine, c'était une redevance en nature, consistant souvent en pains, en grains, qui plus tard se changea en argent. L'oublie se confondait souvent avec le cens ou censive. Le cens étant compris dans l'énumération des droits, l'oublie reste distincte.

(2) *Foriscapium*, le foriscape est un droit payé au seigneur à l'occasion de la vente d'un immeuble.

(3) *Census*, le cens ou censive était une redevance en argent ou en nature, que les vassaux devaient payer au seigneur pour la possession d'un champ.

(4) *Servicium*. Ce mot a plusieurs acceptions et signifie d'une façon générale les redevances en argent ou en nature, et tout ce dont le vassal est tenu envers le seigneur.

Pour plus amples détails sur ces divers droits féodaux, voir le glossaire de Ducange.

(5) *Sine retinenciâ et reveniencia*, sans réserve ni reprise.

(6) *Voces*, droits, synonyme de *jura*.

(7) *Codera*, La Coudère, métairie dépendant de la section de Ménay, dans la commune de Pailhès et sur les limites de la commune de Gabre.

(8) *Agrerium* ou *agrarium* ou *campi pars*, agrier, champart, redevance en nature à prendre sur les champs cultivés. Parfois, ce droit était converti en une somme d'argent.

(9) *Gador*. Ce ruisseau semble n'être autre que celui de Ménay, affluent de l'Arize.

(10) *Hospitale de Gabre*, domaine de l'Hôpital de Gabre, c'est-à-dire, appartenant à l'Ordre de l'Hôpital de Saint-Jean-de-Jérusalem.

(11) *Dimittere seculum et intrare Ordinem*, quitter le monde et entrer dans un ordre religieux.

culum, in ultimis diebus meis, duo millia solidos Morlanensium quos possim dimittere vel ordinare pro animâ meâ, ubicunque voluero vel alibi, prout mihi visum fuerit; et magis quod persolvatis creditoribus meis usque ad summam mille solidorum Morlanensium tantum.

Et ut omnia predicta universa et singula, ego, predictus Bernardus Amelii, filius quondam domini Bernardi Amelii, teneam, compleam et non veniam contra nec venire faciam per me vel per interpositam personam, super quatuor Dei evangelia, sponte juro, promittens insuper vobis, firmâ stipulatione ac sollompni, quod dictam donationem, aliquo casu contingente, revocabo nullatenus, renuncians omnibus juribus illis quibus donatio potest revocari, et specialiter illis legibus quibus donatio propter causas ingratitudinis revocatur, que leges sunt in Codice « *de Revocandis donationibus* », *lege primâ et ultimâ*. Et omnibus juribus de hâc materiâ loquentibus renuncio specialiter.

Simili modo, Nos, predicti Bernardus Amelii de Paleriis et Savaricus, filii quondam domini Ramundi Amelii de Paleriis, recepimus a vobis, domino Bernardo Amelii de Paleriis, avunculo nostro, predictas donationes sub omnibus predictis modis et conventionibus plenariè tenendis et complendis, promittentes vobis firmâ stipulatione quod totam predictam pecuniam trium millium solidorum Morlanensium persolvemus, prout vos volueritis et constitueritis.

Et, ut omnia predicta teneamus et compleamus et non veniamus contra nec venire faciamus per nos nec per interpositam personam, super quatuor Dei evangelia, juramus.

Actum est hoc decimo Kalendas Decembris (1), regnante Lodovico rege Francorum, anno Incarnationis Christi, M° CC° L° VI°. Rey hujus testes sunt Bernardus de Bellomonte, et Arnaldus de Villamuro, et Petrus de Sancto Saturnino, et Rubius de Alsen (2), et P., frater ejus, et G. Oto de Ventenaco (3), et B. Ramundi de Roborâ, et Guillelmus de Exartis (4), et Admarius de Cart, et B. de Villari, et Bertrandus

---

(1) *Decimo Kalendas Decembris*, 22 novembre 1256.

(2) *Alsen*, Alzen, commune de 768 habitants, dans le canton de la Bastide-de-Sérou, arrondissement de Foix.

Les seigneurs d'Alzen, de Ventenac, de Roquefixade étaient les vassaux de Bernard Amiel.

(3) *Ventenaco*, Ventenac, commune de 516 habitants, dans le canton de Lavelanet, arrondissement de Foix.

(4) *Exartis*, Les Issards, commune de 197 habitants, dans le canton et l'arrondissement de Pamiers.

de Villamuro (1), et Alsonus de Massabraco (2), et B. de Rocafissadà (3). Bonetus, publicus Appamie notarius, cartam istam scripsit.

A. B. C.   A. B. C.   A. B. C. (4)

(1) Villemur, chef-lieu de canton dans l'arrondissement de Toulouse.
Cet Arnaud, ainsi que plusieurs autres témoins, se trouvent dans plusieurs chartes éditées par Dom Vaissette.
(2) *Massabraco*, Massabrac, commune de 239 habitants dans le canton de Montesquieu-Volvestre, arrondissement de Muret (Haute-Garonne).
(3) *Rocafissada*, Roquefixade, commune de 497 habitants, canton de Lavelanet, arrondissement de Foix.
(4) Ces lettres, écrites sur le bord du parchemin, et qui ont été coupées, prouvent que le document est une charte partie (*carta partita*) faite en double exemplaire.

DOCUMENTS DIVERS[1]

PROVENANT

De la famille de Villemur et concernant le Comté de Foix au XVIe siècle, 1509-1583.

PRÉFACE

Au XVe et au XVIe siècles, la famille de Villemur a joué un rôle important dans le pays de Foix. Deux de ses membres, Jacques de Villemur et son fils Blaise, tous deux seigneurs de Pailhès et gouverneurs du Comté, surent gagner et conserver la confiance d'Henri IV; nous en avons la preuve dans une série de lettres adressées par ce prince à ces gentilshommes. Cette correspondance a été récemment publiée (2) par la *Société des Archives historiques de Gascogne*, qui en avait reçu communication de M. Eugène de Serres de Justiniac. Descendant des Villemur en ligne maternelle, il a trouvé dans les archives de sa famille ces précieux documents. Ayant eu dernièrement occasion de faire des recherches dans cet intéressant chartier, nous avons découvert plusieurs pièces relatives aux personnages en question ; quelques-unes, sans révéler des faits inconnus, sont de nature à compléter les renseignements donnés par les lettres d'Henri IV à MM. de Pailhès.

---

(1) Voir *Bulletin de la Société Ariégeoise des Sciences, Lettres et Arts*, Tome III, numéro 3, octobre 1889, pages 123-138.

(2) ARCHIVES HISTORIQUES DE LA GASCOGNE. — Lettres inédites de Henri IV à M. de Pailhès, gouverneur du Comté de Foix, et aux consuls de la ville de Foix, 1576-1602, publiées avec introduction par le vicomte Ch. de La Hitte, Paris, Champion ; Auch, Cocharaux, 1886, un volume in-8°, 98 pages.

Jacques de Villemur était fils de Gaspard de Villemur, baron de Pailhès et de Saint-Paul-de-Jarrat, gouverneur et sénéchal du Comté de Foix, et de Jeanne d'Armagnac, fille naturelle de Jean V. Par commission du 25 janvier 1566, Jacques fut nommé par Jeanne d'Albret, gouverneur du Comté dont il avait été lieutenant général ; le 28 février 1570, il reçut du roi de France le collier de l'ordre de Saint-Michel ; il mourut au commencement de l'année 1583, laissant de Julienne de Voisins-Montaut, qu'il avait épousée le 6 octobre 1537, deux fils, Blaise et Louis (1).

Blaise de Villemur succéda à son père dans la charge de gouverneur du Comté de Foix, en vertu d'une provision du 25 janvier 1583 ; peu après, il s'en démit à la demande du Roi qui, cédant aux instances du parti Protestant, lui donna pour successeur Claude de Lévis, seigneur d'Audou. Blaise épousa, en 1565, Fleurette d'Armagnac. Nous arrêtons là ces indications biographiques, renvoyant les lecteurs : 1° à la généalogie de la famille Villemur-Pailhès, donnée par M. de Courcelles, dans son *Histoire généalogique et héraldique des pairs de France, tome I*ᵉʳ ; 2° au VII° volume de l'*Histoire des Ariégeois. (Nobiliaire de l'Ariège*, de M. Lafont de Sentenac) (2).

Nous remercions M. Eugène de Serres d'avoir bien voulu nous autoriser à publier dans le Bulletin de la Société Ariégeoise ces documents curieux pour l'histoire de notre pays.

Les textes ne fournissent pas la matière d'un récit complet et suivi ; ce sont des éléments d'études, qui se rapportent à des faits de nature différente. Le premier acte, par exemple, concerne Gaspard de Villemur et a trait à la longue querelle survenue au sujet de la succession des États de la maison de Foix ; cinq autres touchent à divers épisodes des guerres de Religion ; enfin, le dernier est relatif à un privilège accordé par le seigneur à ses vassaux de Pailhès.

Au lieu de nous contenter de donner une simple transcription du texte, nous résumons dans un sommaire la substance de la pièce.

---

(1) Nous avons emprunté ces détails biographiques à l'introduction dont M. de La Hitte a fait précéder le texte des lettres. Pour ce qui concerne Gaspard de Villemur, voir le tome VII de l'*Histoire des Ariégeois*, Nobiliaire de l'Ariège, page 182.

(2) Famille de Villemur-Pailhès, pages 179-183.

I

LETTRES PATENTES DE LOUIS XII DONNANT COMMISSION DE CAPITAINE DU CHATEAU DE FOIX A GASPARD DE VILLEMUR, SEIGNEUR DE PAILHÈS.

(22 février 1510).

Pièce originale, parchemin.

SOMMAIRE.

Par suite de la mort de François-Phœbus, roi de Navarre, comte de Foix, survenue en 1482, une guerre de succession éclata entre deux branches de la maison de Foix. Catherine (1), sœur du jeune prince, prit possession de l'héritage, que lui contesta son oncle, Jean de Foix, vicomte de Narbonne, époux de Marie, sœur du duc d'Orléans. Quand le duc, à la mort de Charles VIII en 1498, devint roi sous le nom de Louis XII, il disposa de son pouvoir en faveur du fils de sa sœur, Gaston de Foix, contre Catherine et son mari Jean d'Albret. Après une lutte sanglante, qui occasionna de grands ravages dans le pays de Foix, la querelle fut portée devant le Parlement de Toulouse. Cette Cour donna gain de cause au neveu du souverain, au détriment du roi et de la reine de Navarre, qui furent condamnés par défaut et dont les États furent mis sous la main du roi de France. Un conseiller, maître des requêtes de l'hôtel, Pierre de La Vernade, fut chargé de procéder à l'exécution de l'arrêt, de saisir les revenus du Comté de Foix et de pourvoir à l'administration du pays en nommant les titulaires des diverses charges. Gaspard de Villemur, seigneur de Pailhès, chambellan de Louis XII (2), déjà sénéchal du Comté, fut désigné comme capitaine du château de Foix. Par lettres patentes, données à Blois le 22 février 1510, le roi

---

(1) François-Phœbus et Catherine étaient les enfants de Gaston, prince de Viane, et de Madeleine de France, sœur de Louis XI. Le prince de Viane, fils du comte de Foix Gaston IV et d'Éléonore d'Aragon, fut tué dans un tournoi, à Livourne, en 1470. Quand Gaston IV mourut en 1473, son petit-fils François-Phœbus lui succéda et régna jusqu'en 1482. Catherine, qui hérita de son frère, vécut jusqu'en 1517.

(2) Ce titre de chambellan, mentionné dans le *Nobiliaire de l'Ariège* (page 182, tome VII de l'*Histoire des Ariégeois*), n'est pas relaté dans les lettres patentes portant nomination de capitaine. Ce fut sans doute après cette date que Gaspard de Villemur fut élevé à la dignité de chambellan.

confirma le choix fait par son délégué et prescrivit au sénéchal de Toulouse et au juge de Rieux de recevoir le serment du capitaine châtelain, de le faire reconnaître et de lui prêter main forte. Défense était faite à ceux qui avaient exercé la charge de capitaine au nom de la reine Catherine, de s'immiscer désormais dans la gestion de cette fonction. Ordre fut donné au trésorier de payer les gages du nouveau titulaire sur les revenus du Comté de Foix.

La querelle de la succession prit fin par la mort de Gaston de Foix, tué à la bataille de Ravennes, en 1513, où il commandait les troupes de son oncle le roi de France. Catherine et son mari Jean d'Albret purent alors jouir sans conteste des États de la Maison de Foix, du moins dans la région située sur le versant français des Pyrénées, car, en Espagne, ils furent en butte aux intrigues et aux violences du roi d'Aragon, Ferdinand-le-Catholique, qui finit par s'emparer de la Navarre.

TEXTE.

Loys, par la grâce de Dieu, Roy de France, à tous ceulx qui ces présentes lectres verront, salut. Comme nostre amé et féal conseiller et maistre des requestes ordinaires de notre hostel, maistre Pierre de La Vernade, en procédant à l'exécucion de l'arrest donné et prononcé par nostre Cour de Parlement de Tholouse au profit de nostre amé et féal cousin, Gaston de Foix (1), seigneur de Coarase(2), à l'encontre des Roy et Royne de Navarre, ait, par vertu dudit arrest et du pouvoir à luy donné et commis, par deffault de non avoir obéy à l'exécucion d'icelluy arrest par lesdits Roy et Royne de Navarre, prins et saisi en nostre main le Comté de Foix, ensemble tous et chacun les fruits, revenus, émolumenz et droitz d'icelluy, pour soubz icelle estre régiz et gouvernez jusques à ce que lesdits Roy et Royne de Navarre auront entièrement obéy audit arrest et que, par Nous et justice autrement ordonné en fust, et cependant ait commis, soubz nostre dite main, à l'exercice des offices dudit Comté et, entre autres, Messire Gaspard de Villemur, seigneur de Sainct-Paul, séneschal par Nous au dit Comté de Foix créé et institué, à l'office de cappitaine et chastelain du chasteau et chastellanye de Foix audit Comté, savoir faisons que, Nous, ce considéré, ayans agréable tout ce qui a esté fait par ledit de La Vernade en ceste partie, attendu mesmement que ce a esté pour le bien et aucto-

---

(1) Il s'agit de Gaston de Foix, neveu du Roi, qui fut tué à Ravennes en 1513.
(2) *Coarase*, ville de l'ancien Béarn, située dans les Basses-Pyrénées.

rité de Nous et de justice, et, pour ces causes et autres à ce Nous mouvans, icelluy Gaspard de Villemur, seigneur dessus dit, avons commis, ordonné et estably et, par la teneur de ces présentes, commectons, ordonnons et establissons audit office de cappitaine et chastellain en chastel et chastellanye de Foix pendant ladite main mise et jusques à ce que par Nous et justice autrement en soit ordonné, pour icelluy office de cappitaine et chastellain avoir, tenir doresnavant, exercer pour et au nom de Nous, soubz nostre dite main durant le temps dessus dit, aux droiz, honneurs, gaiges, proufftz, franchises, libertez et émolumens acoustumez et qui y appartiennent.

Sy donnons en mandement par ces mesmes présentes aux séneschal de Tholouse, juge de Rieux et de Commenge, à leurs lieux tenans et à chacun d'eulx, premier requis, que, prins et receu dudit Gaspard de Villemur le serment sur ce requis et en tel cas acoustumé, icelluy mectent, instituent et facent mestre et instituer de par Nous en possession et saisine dudit office, et d'icelluy ensemble desdits droiz, honneurs, gaiges, proufftz, franchises, libertez et émolumens dessus dits le facent, souffrent et laissent joyr et user plainement et paisiblement et à luy obéir et entendre de tous ceulx et ainsi qu'il appartiendra.....(1) touchans et regardans ledit office, faisant ou faisant faire expresse inhibicion ou deffence de par Nous, sur grans poynes à Nous à appliquer, à celluy ou ceulx qui par cy-devant ont tenu et exercé ledit office pour lesdits Roy et Royne de Navarre et à tous autres qu'il appartiendra, qu'ils n'aient eulx ingérer, entremectre audit office de cappitaine et chastellain du chastel et chastellanye de Foix pendant...(2) en quelque manière que ce soit ou puisse estre.

Mandons, en outre, au trésorier ou receveur commis d'icelluy Comté que les gaiges acoustumez et audit office appartenans il paye, baille et délivre audit Gaspard de Villemur pendant ladite main mise aux termes et en la manière acoustumez; lesquels gaiges et tout ce qui payé et baillé en aura esté nous voulons estre allouez et comptez et rabatuz de la recette dudit trésorier ou receveur commis, partout où il appartiendra, sans difficulté, en rapportant ces présentes ou *vidimus* d'icelles fait soubz scel royal, pour une foys seulement, avec quittance dudit Gaspard de Villemur sur ce souffisant. Car ainsi nous plaît-il estre fait. En tesmoing de ce, nous avons fait mestre nostre scel à cesdites présentes.

(1) Lacune par suite de déchirure.
(2) Lacune par suite de déchirure.

Donné à Bloys le XXIIe jour de février, l'an de grâce mil cinq cent et neuf (1) et de nostre règne le XIIe.

Pas de signature royale.

Sur le replis du parchemin :
Par le Roy, Maistre Johan COCTEREAU, trésorier de France, et autres présens, *signé :* LEDOYN.

Bande de parchemin où était plaqué le sceau, maintenant détruit.

II

LETTRE DU PARLEMENT DE TOULOUSE A M. DE PAILHÈS.

24 décembre 1562.

Pièce originale sur papier.

SOMMAIRE.

La cour informe M. de Pailhès qu'elle est instruite de la persistance des troubles dans le Comté de Foix, où les Huguenots avaient, huit jours auparavant, saccagé l'église et la maison épiscopale du Mas-Saint-Antonin, près Pamiers (2), et que ceux-ci préparaient une expédition contre le Mas-d'Azil (3). M. de Pailhès était invité, comme bon et fidèle serviteur du Roi, à s'opposer à toutes les tentatives des rebelles, à reprendre les villes dont ils s'étaient emparés. En vue de conserver le pays dans l'obéissance de l'Église et du Roi, ordre lui était donné de

---

(1) Nous ramenons cette date au style moderne, car, l'année commençant à Pâques, il faut compter 1510 et non 1509. Il y a une erreur dans le *Nobiliaire de l'Ariège, Histoire des Ariégeois, tome VII,* page 182, d'après lequel ce document serait du 20 janvier.

(2) Le Mas-Saint-Antonin, situé sur la rive droite de l'Ariège, avait été jusqu'au XVIe siècle l'endroit où étaient la cathédrale et l'évêché. L'église du Mercadal ne devint la cathédrale qu'en 1499, à la suite des ravages dont le Mas avait souffert pendant la guerre de la succession du Comté de Foix. Malgré cette translation, le domaine du Mas était resté propriété de l'évêque, qui y conservait une maison d'habitation et l'église où la célébration des offices était encore possible.

(3) Dès le mois d'août 1562, les religieux de l'abbaye de cette ville avaient été obligés de s'enfuir devant les Protestants.
Voir au sujet des troubles survenus dans le pays de Foix le récit donné par Castillon d'Aspet (*Histoire du Comté de Foix*, tome II, pages 205-209), et par M. J. de Lahondès (*Annales de Pamiers*, tome II, pages 12-15).

mettre, partout où il le jugerait à propos, des capitaines dévoués, avec les forces nécessaires. La lettre de la cour devait servir de commission à M. de Pailhès.

TEXTE.

A Monsieur de Pailhez.

Monsieur de Pailhez, nous avons entendu que les rebelles et séditieulx perceverent au Comté de Foix en la malice et dampnées entreprinses et que, depuis sept ou huict jours, ont forcé et envahi l'église et maison épiscopalle du Mas et sont après pour faire le semblable du Mas-d'Azil tant pour l'assiette du lieu que pour les salpêtres (1). De quoy vous avons bien voulou advertir et enjoindre comme bon et fidelle serviteur du Roy ne faire faulte à vous opposer et résister, par toutes les forces que pourés assembler, aux viollances hostilles et conspirations desdits séditieulx, reprendre les villes et lieux fors, desquels se sont emparés, et empêcher et obvier au reste de leurs maleureux desseings. Et pour ce faire, commectrés aux villes et lieux, que vous cognoistrés estre les plus dangereulx, de bons et fidelles cappitaines, avecques les forces qui seront pour ce requises, à ce que le pays soit conservé en l'hobéyssance de Dieu, de son Église et subjection du Roy, et son peuple en paix et tranquillité. A quoi ne ferez faulte adviser et pourvoir à toute dilligence et en vertu de la présente, laquelle vous servira de commission, et Dieu aydera toutes voz bonnes intentions et actions en ceste juste querelle, et à tant prions le Créateur vous avoir en saincte garde. Escript à Tholose en Parlement soubz le signet d'icelluy le vingt-quatriesme jour de décembre 1562.

Les gens tenant le Parlement pour le Roy à Tholose,
Voz bons amys.
Le sceau du Parlement est plaqué.

Contresigné : Burnet.

---

(1) Le Mas-d'Azil était, grâce à sa situation, un lieu de refuge et on pouvait en extraire du salpêtre pour la fabrication de la poudre. Dans la grotte de Malarnaut, sise sur la rive gauche de l'Arize, près de Durban, on a trouvé des traces de l'extraction du salpêtre qui s'opérait dans de grandes proportions.

III

1° REQUÊTE DU PROCUREUR GÉNÉRAL DU PARLEMENT DE TOULOUSE A CETTE COUR POUR OBTENIR QUE M. DE PAILHÈS SOIT CHARGÉ DE FAIRE EXÉCUTER A PAMIERS L'ÉDIT DE PACIFICATION (1).

14 août 1563.

Original sur papier.

Un mandement adressé à un huissier se trouve attaché à la requête par deux bandelettes en parchemin que réunit le sceau de cire jaune de la Cour. Le mandement est sur parchemin.

SOMMAIRE.

Confiant dans l'édit de pacification, plusieurs chanoines et prébendés du chapitre de Pamiers sont rentrés en ville et ont commencé à célébrer l'office divin dans l'église du Mercadal; ils ont été tellement menacés et intimidés par des habitants et par des étrangers qu'ils se sont retirés au Mas-Saint-Antonin, d'où les perturbateurs du repos public cherchent à les faire partir. Afin d'éviter des scandales, le Procureur général demande à la Cour d'enjoindre à M. de Pailhès, gouverneur du Comté de Foix, de veiller à l'exécution de l'édit. Il requiert en même temps que les consuls de Pamiers soient tenus, sous peine d'être considérés comme fauteurs de rébellion, de prêter main forte au gouverneur, notamment en ce qui concerne la réintégration des ecclésiastiques et la punition des séditieux. Il termine en réclamant que M. de Mirepoix, sénéchal de Carcassonne, soit invité à s'entendre avec M. de Pailhès pour assurer la garde du Mas et protéger les chanoines dans la célébration de leurs offices.

La Cour approuve la requête et donne ordre de s'y conformer.

TEXTE.

A Nosseigneurs de Parlement.

Supplie le Procureur général du Roy que, combien que, par édict dudict

---

(1) Cet édit ne doit être autre que celui d'Amboise signé, le 19 mars 1563, pour mettre fin aux troubles, en permettant sous certaines conditions l'exercice du culte réformé.

seigneur sur la pacification des troubles de son royaume, soit expressément pourté que les personnes ecclésiastiques seront réintégrées en leurs esglises et biens et que les armes seront mises bas, tous estrangers estans ez villes mises hors de son obéyssance tenus vuyder incontinent, si est-il advorti que, s'estans retirés aucuns chanoines et prébandiers du chapitre de Pamyés en la dicte ville et commancé de célébrer l'office divin en l'esglise appelée du Mercadal, auroient esté tellement menassés et inthimidés par aucuns malins, tant habitans de la dicte ville que estrangers, qui contre la teneur du dict édict y sont entretenus (1), vuyder icelle ville et se retirer au Mas-Sainct-Anthonin, d'où encores ces infractours de paix, perturbateurs du bien et repos public se traitent et perforcent les tirer, voire se repentent de les y avoir laisser entrer, cherchent tous moyens possibles de mutinerie et sédition. Comme pourroit advenir quelque scandale irréparable si promptement n'y est pourveu, ce considéré, il vous plaise enjoindre au seigneur de Paliès, gouverneur du Comté de Foix et de la dite ville de Pamyés, de en icelle fère garder et entretenir le dict édict sur la pacification des troubles de ce Royaume de poinct en poinct sellon sa forme et teneur, aux consulz du dict Pamyés de lui obéyr et fère vuyder les estrangers qui sont encore dans la dicte ville, prester aide, faveur, secours et main forte au dict seigneur de Paliès pour l'exécution du dict édict, réintégration des ecclésiastiques en leurs églises et couvens, et punition des contrevenans, rebelles et séditieux suyvant icellui, tant au seigneur de Mirapoix, sénéschal de Carcassonne dans la juridiction duquel seroit assis le dict Mas-Sainct-Anthonin (2), que au dict seigneur de Paliès, et chacun d'eulx de pourvoir à tout ce qu'appartiendra pour l'assurance et garde du dict Mas à l'obéyssance du Roy et à ce que trouble et empêchement ne soient donnés aux dicts chanoines et prébandiers, religieulx et autres personnes ecclésiastiques à la célébration du divin office, sur peine d'y respondre en leurs propres et privés noms, et aux dicts consulz d'estre punis comme fauteurs des dicts rebelles et séditieux. Sy ferez bien.

Au bas de la requête, d'une autre écriture :
Soient faictes les injonctions requises. Faict à Tholouze en Parlement le XIV° jour d'aoust, l'an mil VLXIII.

---

(1) Il y a ici une lacune, autrement le sens serait incomplet. Le copiste aura sans doute omis ces mots : *ont esté contraints*, dont nous proposons la restitution.
(2) Cette indication, relative à la juridiction dont dépendait alors le Mas-Sainct-Antonin, est à signaler à titre de renseignement pour la fixation des limites entre le Comté de Foix et le Languedoc, ou du moins entre les sénéchaussées de Pamiers et de Carcassonne.

2ᵉ MANDEMENT DE NOTIFICATION DE LA REQUÊTE A FAIRE PAR TOUT HUISSIER REQUIS.

14 août 1563.

Bande de parchemin jointe à la requête et scellée.

En exécution de l'ordre du Parlement, tout huissier requis devait notifier, au nom du Roi et de la Cour, la requête à MM. de Pailhès et de Mirepoix et aux consuls de Pamiers.

Charles, par la grâce de Dieu, Roy de France, au premier nostre huissier ou sergent sur ce requis, salut. Voues les requestes à nostre court de Parlement séant à Tholouze, baillées par nostre procureur général, cy-soubs le contreséel de nostre chancellerie attachées, nous te mandons et comettons par ces présentes que, à la requeste de nostre dict procureur général, le contenu en la dicte requeste inthimes et signifies tant au seigneur de Palhiès, gouverneur du Comté de Foix et de la ville de Pamyés, aux consuls de la dicte ville de Pamyés, ensemble à nostre sénoschal de Carcassonne, seigneur de Mirapoix, nommez en ycelle, et à tous autres à qu'il appartient et dont soras requis. Ce faisant, leur feras de par Nous et ycelle nostre Court, les commandemens et injonctions requis et sur les peynes en la dicte requeste contenues, suyvant l'ordonnance de nostre dicte Court escripte au blanc d'ycelle, en certifiant duement de tes exploitz. Mandons et commandons à tous nos subjets que, à toy ce faisant, obéyssent. Donné à Tholouze en nostre dit Parlement le quatorziesme jour d'aoust, l'an de grâce mil cinq cent soixante troys, de notre règne le troysiesme.

Collation.

Par la Court.

Signé : DE LA BERNERRE.

Sceau de cire jaune sur la bande du replis découpé ; restent trois fleurs de lis et, en contre-sceau, quatre fleurs de lis sont disposées en losange.

IV

LETTRE ADRESSÉE PAR LE PARLEMENT DE TOULOUSE A M. DE PAILHÈS.

18 novembre 1567.

Original sur parchemin.

SOMMAIRE.

Dans le but de s'opposer aux incursions et aux ravages des Huguenots retirés au Mas-dAzil et au Carla-le-Comte, la Cour avait confié deux compagnies de gens de pied, de deux cents hommes chacune, aux capitaines Castelnau-Durban et Massabrac. Elle prescrivit à M. de Pailhès de maintenir le pays dans l'obéissance du Roi et de surveiller les deux compagnies ainsi que les autres gens de guerre qui pourraient être levés. Il fut enjoint, sous peine d'être déclarés rebelles, à tous gentilshommes, officiers et consuls d'obéir à M. de Pailhès en tout ce qui concernait le service du Roi.

L'année 1567 fut marquée à Pamiers par de grands désordres. Au mois de mai, après une lutte sanglante, les Protestants s'emparèrent de la ville ; en juillet, les Catholiques, appuyés par les troupes royales, parvinrent à y rentrer. Le Parlement de Toulouse fut chargé de rechercher et de punir les rebelles ; ceux-ci s'étaient réfugiés au Mas-d'Azil, au Carla-le-Comte et aux Cabannes. Le Président Daffis et six conseillers du Parlement se rendirent à Pamiers avec mission d'instruire le procès des séditieux qui pourraient être pris. Après une série de retards, l'affaire fut enfin jugée à Toulouse et se termina par la condamnation et l'exécution de plusieurs Huguenots. La lettre que nous publions est un des actes de la procédure et révèle à quelles mesures le Parlement fut obligé d'avoir recours.

Le capitaine Castelnau-Durban, chef de bandes Catholiques, joua un rôle important à cette époque dans le Comté de Foix et se montra cruel en plusieurs circonstances, notamment lorsqu'il reprit, en 1567, le village des Cabannes, occupé par les Protestants [1]. La recommandation faite à M. de Pailhès prouve qu'on avait quelques motifs de se défier du personnage.

---

(1) Voir *J. de Lahondès*, Annales de Pamiers, tome II, page 28, *Castillon d'Aspet*, Histoire du Comté de Foix, tome II, pages 222-223, et *Dom Vaissette*, Histoire du Languedoc, tome V, *ancienne édition*.

TEXTE.

La Court, duemont et suffizement advertye des invasions, incursions, pillages et bruslemens d'églises et autres forces et viollances que les rebelles et sédicieux, ennemis du Roy, qui se sont retirez ez villes du Mas-d'Azil et du Carla, commettent journellement, pour obvier à ce, empêcher et résister aus dits ennemis et tenir les bons et fidelles subjetz du Roy et leurs biens en protection et sauvegarde de Sa Majesté, aurions ordonné deux compaignes de gens de pied, de deux cens hommes chacune, soubz la charge des cappitaines Castelnau-Durban et Massabrac, pour se tenir et estre ez environs des lieux du Mas-d'Azil et du Carla et empêcher les desseings et entreprinses desdits Rebelles. Pour est-il que nous mandons et commandons à Messire Jaques de Villemur, chevalier de l'Ordre du Roy et sieur de Palhès, de se prendre garde et en tout et partout ce qu'il verra et cognoistra appartenir à la conservation dudict pays et habitans d'icelluy en la subjection et obéyssance du Roi, et estre surintendant et vigillant tant sur lesdictes deux compaignes que autres gens de guerre que besoin sera lever audict pays et environs d'icelluy, pour résister ausdicts rebelles et sedicieux.

Mandons et commandons à tous gentilhommes, magistratz, consulz, et subjectz du Roy obéir audict sieur de Palhès en tout ce dessus concernant le service du Roy, sur peyne d'estre déclarés rebelles à Sa Majesté. Fait à Tholouze, en Parlement, ce dix-huictième jour de novembre, l'an mil cinq cent soixante sept.

Signé : BURNET.

V

COMMISSION SPÉCIALE DONNÉE PAR LE ROI DE NAVARRE A M. DE PAILHÈS POUR COMMANDER DANS LE COMTÉ DE FOIX EN SON ABSENCE.

25 janvier 1582.

Original sur parchemin.

SOMMAIRE.

Prêt à partir pour la Saintonge, où il accompagne sa femme, le Roi, connaissant le soin apporté par M. de Pailhès à remplir les missions dont il l'a déjà chargé, le désigne comme gouverneur du Comté de

Foix pendant son absence. Il lui donne le pouvoir de régler toutes les affaires suivant les circonstances, et l'invite à tenir la main à l'observation des édits de Pacification. Tous les officiers du pays sont invités à lui obéir et lui prêter leur concours.

Cette pièce n'est que le complément de la lettre datée de Nérac le 25 janvier 1582, publiée par la Société des *Archives historiques de Gascogne* (1), et où le Roi disait à M. de Pailhès : « Je vous envoye ung pouvoir pour commander généralement en mon Comté de Foix durant le voyage que je vay faire en Xaintonge. » Il ajoutait qu'il écrivait à la noblesse du pays pour lui prescrire de se conformer aux ordres du gouverneur.

TEXTE.

Henry, par la grâce de Dieu, Roy de Navarre, seigneur souverain de Béarn et de la terre de Donnezan, duc de Vendosmois, de Beaumont et d'Albret, comte de Foix, etc. (2), à nostre cher et bien amé le sieur de Paillez, salut. Vous avez rendu ung tesmoignage si certain de l'affection et fidélité que vous portez à notre service, en l'exécution des commissions que nous vous avons cy-devant adressées pour remédyer aulx affaires de notre dict Comté de Foix, que, nous acheminans en Xaintonge pour accompagner la Royne, nostre très chère et très amée femme et espouse, à son voyage, nous n'avons peu faire élection de personne sur la suffisance et intégrité duquel nous puissions plus fermement reposer de la conduite et gouvernement de nostre dict Comté que en vous. A ces causes et affin que, durant nostre absence et nostre esloignement, l'artifice de ceulx qui taschent d'entretenir les affaires en trouble et combustion ne produise quelque dangereulx effect en nostre dict Comté, asseurez de vos sens, suffisance, dextérité, valeur et diligence, vous avons choisy, ordonné et estably et, par ces présentes, choisissons, ordonnons et establissons pour, en notre absence et durant nostre dict voyage, commander généralement en nostre dict Comté de Foix, ville de Pamiès et autres qui en dépendent, reigler, remeddier et pourvoir aux affaires de nostre dict Comté, selon que vous congnoistrez le temps et les occasions, requérir tout ainsy et avec mesme pouvoir et authorité que nous pourrions faire si nous estions sur les lieux, et surtout tenir la main à l'exacte

---

(1) *Lettres inédites d'Henry IV à M. de Pailhès*, N° XXVIII, pages 46-47.
(2) L'énumération plus complète des titres du prince se trouve dans une commission adressée, le 16 octobre 1581, à MM. de Pailhès, de Soulé et Dalou. Voir *lettres inédites*, n° XXIV, page 40.

observation et entretenement des édicts de paix du Roy Monseigneur. De ce faire vous avons donné et donnons pouvoir, puissance, commission et mandement spécial par ces présentes, par lesquelles mandons à tous gentilshommes de nostre Comté, gouverneurs, officiers et consuls des villes, capitaines des places, chasteaux et fortoresses d'icelluy et à tous aultres nos justiciers, officiers et subjectz, vous assister, recognoistre, respecter, obéir et entendre au faict des dictes commission, charge et commandement. Car tel est notre plaisir. En tesmoing de quoy, nous avons à ces dictes présentes, signées de nostre propre main, faict mettre et apposer le séél de nos armes. Donné à Nérac le XXV° jour de janvier mil cinq cent quatre-vingt deux.

Signé : HENRY.

Par le Roy de Navarre, Comte de Foix.

Contresigné : DE VIÇOSE.

Sceau perdu.

VI

PRIVILÉGE ACCORDÉ PAR BLAISE DE VILLEMUR, SEIGNEUR DE PAILHÈS, AUX CONSULS DE PAILHÈS DE PORTER POUR TOUJOURS LA LIVRÉE ET LE CHAPERON CONSULAIRES SOUS LA REDEVANCE D'UNE PAIRE DE CHAPONS PAYABLE A CHAQUE FÊTE DE TOUSSAINT.

13 décembre 1583.

(Original sur parchemin).

SOMMAIRE.

Le 13 décembre 1583, les consuls, syndics de Pailhès et une partie des anciens et prud'hommes du lieu vinrent s'acquitter de leurs devoirs féodaux envers leur seigneur Blaise de Villemur, qui venait de succéder à son père Jacques de Villemur, mort au commencement de cette année (1). Ils profitèrent de l'occasion pour demander l'autorisation de porter la livrée consulaire de drap rouge et noir suivant la coutume des autres villes. En considération des services rendus et espérés et en vue de rehausser l'éclat de la charge, le seigneur accorda qu'à l'avenir les consuls, à chaque élection annuelle, pourraient prendre et porter le chaperon et la livrée consulaire en drap rouge et noir, mais sans y

---

(1) Voir la préface des *Lettres inédites d'Henri IV*, page 11.

ajouter la robe. Tous, consuls, syndics et habitants devaient jurer de ne tenir la livrée que du seigneur et de lui payer, chaque année à la Toussaint, une paire de chapons à titre de reconnaissance et d'hommage. En sortant de charge, les anciens consuls devaient reporter la livrée et le chaperon au seigneur, afin qu'il en revêtit les nouveaux élus, qui seraient alors tenus de lui prêter serment. Comme signe d'acceptation, les consuls et les syndics, en leur nom et pour leurs successeurs, jurèrent d'observer ces clauses, et mention en fut faite dans la charte.

TEXTE.

Nous, Blaize de Villemur, chevallier de l'Ordre du Roy nostre Sire, gouverneur, lieutenant général pour le Roy de Navarre en son Comté de Foix, terre de Donezan et ville de Pamyés, seigneur et baron de Saint-Paul (1), Palhès, Bonnac, Bézac, Madière, Capens, Bajou et autres lieux, à tous présentz et advenir qui ces présentes verront et appartiendra, salut. Sçavoir faisons, certifflons et attestons que, sur l'humble requeste et supplication à Nous ce jourd'huy, date des présentes, faicte dans nostre maison de Palhès par Messieurs Johan Gondry, Jacques Loze, Raymond Nuquet, consulz, Raymond Bénet, Naudy Barthe, Johan Gondry, dict Papay, scindicz des manans et habitans de nostre dict lieu de Palhès, accompagnés d'une partie des anciens et prud'hommes du dict lieu, lesquels, nous ayans accompli le service qu'ils nous doivent, nous auroient requis et suplié, pour l'honneur et révérence de la justice qu'ils tiennent de Nous et de nos prédécesseurs en la charge du consulat, leur vouloir permettre, donner et congédier de porter la livrée consulaire de drap rouge et noyr, comme il est requis et nécessaire en tel estat et qu'il est acoustumé faire aulx aultres villes et lieux de ce royaulme. A quoy leur voulans pourvoyer et..... (2) devant l'honneur et importance de la dicte charge, pour les bons et agréables services que nous avons receuz et espérons recepvoyr de nos dictz subjectz de Palhès, et autres bonnes considérations à ce nous mouvans, et espérans, comme ils nous ont tousjours monstré et monstrent par effaict journèlement, le bien du service que désirent nous faire, comme leur seigneur et à nos successeurs, par vertu des présentes, pour Nous, nos subcesseurs

---

(1) C'est de Saint-Paul-de-Jarrat qu'il s'agit. Bonnac, Bézac, Madière sont des communes du canton de Pamiers. Bajou est une section de la paroisse d'Artigat dans le canton du Fossat. Toutes ces localités se trouvent dans l'Ariège. Capens est une commune du canton de Carbonne dans la Haute-Garonne; on trouve aussi un hameau appelé *Capens* dans les environs du Mas-d'Azil.

(2) Mot illisible.

à l'advenir avons donné et donnons puissance et permission à nos dictz subjetz dudict lieu de Palhès, consulz présens et advenir, que, soubz nostre authorité et de nos subcesseurs, ils puissent prendre et porter d'hors en avant au présent lieu de Palhès et sa jurisdiction, chascune année à l'eslection, qui sera faicte de consulz, le chaperon et livrée consulaire drap rouge et noir tant seulement, sans porter robe consulaire, à la charge que les dictz consulz, scindicz, manans et habitans du dict pays, présens et advenir seront tenus et promectent par le jurement solempnel entre nos mains faict par les dicts Gondry, Loze, Nuquet, consulz, et Bénet, Barthe et Gondry, scindicz, de tenir le dict estat et livrée consulaire de Nous et nos successeurs, soubz l'hommage d'ung père (sic) de chapons, chascune feste de Tous Sainctz, que les dicts consulz et scindicz pour eulx et leurs successeurs Nous ont promis donner et paier en recognoissance et homage de la dicte livrée consulaire.

Sy ont promis et promectent sur mesme serment les dicts consulz et scindicz présens pour eulx et leurs subcesseurs à l'advenir que, chascune feste de Tous Sainctz que sera faicte eslection de nouveaux consulz, les consulz vieulx, quy sortiront de la dicte charge, seront tenus et promectent, la dicte eslection faicte, de mectre et apporter par devers Nous ou nos subcesseurs les dicts chaperons et livrée consulaire, pour estre baillée et mise de nos mains sur les dicts nouveaux consulz qui, à ces fins, presteront le serment par devant Nous ou nos subcesseurs en la forme qu'il est acoustumé faire.

Et pour que, de présent ou à l'advenir, personne ne préthende ignorance aucune, à la réquisition des dicts consulz et scindicz, avons fait despêcher ces présentes de nous signées et poser le scel de nos armoiries. Faict dans nostre dicte maison de Palhès ce tretziesme décembre, mil cinq cens huictante trois.

Signé : Palhès.

Par mandement du dict seigneur de Palhès.

Contresigné : Dumont.

Le cachet était plaqué sur une bande de papier passée à travers une fente du parchemin ; la cire est tombée et l'empreinte a disparu.

La cote porte que ces lettres étaient scellées du sceau des armes du seigneur qui sont : *Écartelé au premier et quatrième de Foix, et au deuxième et troisième de Pailhès* (1).

---

(1) C'est-à-dire, de gueules au lion d'or armé et lampassé de même. Voir le *tome VII* de *l'Histoire des Ariégeois*, page 185.

TABLE

DONATION DE LA SEIGNEURIE DE PAILHÈS EN 1256.

Préface	3
Analyse de la Charte	3
La seigneurie à la maison des Bernard Amiel et non à celle des Villemur	4
Délimitation de la seigneurie	8
Texte de la charte	9

DOCUMENTS DIVERS PROVENANT DE LA FAMILLE DE VILLEMUR ET CONCERNANT LE COMTÉ DE FOIX AU XVIe SIÈCLE, 1509-1583.

Préface 15

I. Lettres patentes de Louis XII donnant commission de capitaine du Château de Foix à Gaspard de Villemur, seigneur de Pailhès (22 février 1510) 17

II. Lettre du parlement de Toulouse à M. de Pailhès (24 décembre 1562) 20

III. 1° Requête du Procureur général du parlement de Toulouse à cette cour pour obtenir que M. de Pailhès soit chargé de faire exécuter à Pamiers l'édit de pacification (14 août 1563) 23

2° Mandement de notification de la requête à faire par tout huissier requis (14 août 1563) 24

IV. Lettre adressée par le parlement de Toulouse à M. de Pailhès (18 novembre 1567) 25

V. Commission spéciale donnée par le roi de Navarre à M. de Pailhès pour commander dans le Comté de Foix en son absence (25 janvier 1582) 26

VI. Privilège accordé par Blaise de Villemur, seigneur de Pailhès, aux consuls de Pailhès de porter pour toujours la livrée et le chaperon consulaires sous la redevance d'une paire de chapons payable à chaque fête de Toussaint (13 décembre 1583) 28

www.ingramcontent.com/pod-product-compliance
Lightning Source LLC
Chambersburg PA
CBHW060715050426
42451CB00010B/1457